AF243433

DES

ÉLECTIONS

DE 1818,

PAR M. BENJAMIN CONSTANT.

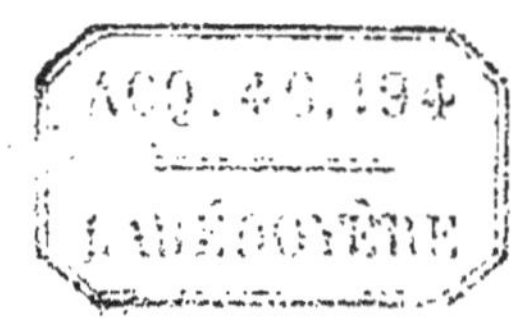

———

A PARIS,

CHEZ BÉCHET, LIBRAIRE,

QUAI DES AUGUSTINS, N. 57.

1818.

DES ÉLECTIONS

DE 1818.

§ Ier.

Objet de l'ouvrage.

Au moment où nos députés vont être élus, il est bon de fixer nos idées sur ce qu'ils auront à faire durant la session prochaine. C'est le moyen de nous mieux diriger dans les choix auxquels de nouveau nous allons être appelés à concourir.

§ II.

Position extérieure de la France.

La position extérieure de la France s'est fort améliorée depuis l'an passé. Tout annonce que les troupes étrangères vont enfin quitter notre territoire.

Les souverains alliés jugent que notre tranquillité ne court plus le risque d'être troublée ; et en effet tout démontre cette vérité, si heureuse pour nous, si rassurante pour toute l'Europe.

Je ne prononce point sur l'existence ou la non existence de la conspiration que l'on croit avoir découverte il y a quelque tems ; mais cette conspiration, vraie ou fausse, sert à prouver, dans mon opinion, combien il est impossible de rien tenter désormais contre l'ordre établi. Si elle est vraie, elle nous donne sans doute la triste conviction que tous les esprits ne sont pas également éclairés sur l'impuissance des ennemis de la liberté constitutionnelle, mais elle confirme aussi un fait important, c'est que le parti dont ces ennemis voudraient agiter les faibles restes, n'a point de racines dans la nation, et que c'est une minorité presqu'imperceptible, qui prend ses souvenirs pour des principes, ses menaces pour des moyens, sa haine pour de la force ; on l'oublie lorsqu'elle est tranquille, on la dédaigne au lieu de la craindre, quand elle recommence à s'agiter. Si cette conspiration est fausse, il en résulte que les hommes qui passent pour être le moins soumis à la charte, n'essayent plus rien contre elle.

Le repos de la France est donc assuré; car la véritable force réside dans cette classe intermédiaire, qui hait les préjugés parce qu'elle est éclairée, le crime, parce qu'elle est morale, les agitations, parce qu'elle est industrieuse, et que les troubles civils tuent l'industrie. Les étrangers le sentent; ils quitteront notre sol, j'ose le dire, pleins d'estime pour notre sagesse: et sans vouloir diminuer le moins du monde le mérite de leur fidélité aux engagemens qu'ils avaient pris, l'on peut affirmer, je le pense, que cette fidélité est fort secondée par la connaissance qu'ils ont acquise de ce que nous sommes et de ce que nous pouvons.

§ III.

Situation intérieure.

Notre situation extérieure est donc très satisfesante.

Pour juger notre situation intérieure, une distinction est nécessaire.

Si l'on entend par ce mot l'esprit public d'un peuple, rien n'est, sous ce rapport, à désirer pour nous. Sur toutes les questions politiques, les lumières sont universellement répandues, dans la classe qui a des droits à exercer. Notre éducation a été chère ; mais elle est faite. Prenez dans toutes les professions les citoyens qu'une aisance médiocre met au dessus du besoin, vous trouverez qu'ils entendent tous parfaitement ce qu'il leur faut pour être libres, protégés par les lois et garantis contre l'arbitraire. Ils savent, et c'est l'idée essentielle, base de la liberté ; ils savent, dis-je, qu'en fait de liberté tout se tient ; qu'il est bon pour eux que d'autres exercent les facultés qu'eux-mêmes n'exercent pas; que ce n'est point aux écrivains seuls que la liberté de la presse importe; que ce n'est point dans l'intérêt des avocats seuls que le barreau doit être indépendant; que ce n'est point pour les seuls créanciers de l'État que l'État doit payer ses dettes, ou pour les seuls propriétaires que la propriété doit être respectée. Ils savent qu'un droit ne peut être envahi, sans que tous les autres droits n'en souffrent, comme un citoyen ne peut être traité illégalement, sans que la sécurité de tous ne soit menacée.

Mais, si, par la situation intérieure d'un pays, l'on entend la marche des ministres auxquels le pouvoir est confié, beaucoup de vœux peuvent être formés, sans qu'on nous accuse de trop d'exigeance.

L'exagération n'est pas mon habitude; et comme je n'écris que pour être utile, je brave volontiers le reproche de ne pas tout dire, ou de ne pas dire assez. Je ne me jeterai donc point dans des dé-

clamations amères, et pour faire la part
de l'impartialité avec scrupule, je com-
mencerai même par des éloges, sur le
petit nombre de mesures que je me
crois permis de louer.

§ IV.

Lois d'exception abrogées.

Il y a un an, quatre lois d'exception
nous régissaient ; car je place parmi les
lois d'exception, celle qui avait institué
les cours prévôtales. De ces quatre lois,
deux sont abrogées. Les cours prévôtales
ont cessé d'exister, et les ministres n'ont
plus le droit d'arrêter et de détenir des
citoyens sans les mettre en jugement.
Je ne rechercherai point encore si l'effet
de l'abrogation de ces deux lois est com-
plet, si le mode qu'on a conservé pour
la composition du jury n'équivaut pas,
plus ou moins, aux cours prévôtales, et
si les moyens sans nombre que fournis-
sent les lois ordinaires pour arrêter et
pour détenir indéfiniment les hommes

soupçonnés, ne remplacent pas efficacement le droit d'arrestation indéfinie que les ministres ont abdiqué. Je me borne au fait, et je reconnais que, sous ce rapport, il y a amélioration : car lors même que, par des détours et des subterfuges, l'on obtiendrait, au nom des lois ordinaires, un résultat pareil à celui que procuraient les lois d'exception, leur abrogation serait toujours un bien. Les détours et les subterfuges, bien que conduisant au même but, seraient encore un hommage à la légalité.

§ V.

Loi du recrutement.

Il y a un an, notre ancienne et admirable armée était frappée, par des mesures ministérielles, d'une défaveur qui devait affliger et révolter tous les cœurs français. Une loi dont le principe est national, équitable, conforme à la charte, a relevé de cette excommunication politique ces légions de héros, dont tous les pays seraient fiers et que tous nous envient.

Ce n'est pas sans doute que la loi du recrutement soit irréprochable; de nombreux défauts la déparent, et malheureusement, il faut le dire, les ordonnances destinées à régulariser son exécution, loin de remédier à ces défauts, les ont aggravés. Je n'aimerais pas à censurer un ministre qui a donné des preuves de ses intentions patriotiques; mais prendra-t-il pour une critique amère, des questions que me dictent la justice et la reconnaissance envers ceux qui ont porté la gloire française aux bornes du monde ?

Pourquoi, dans l'ordonnance du 20 mai, la réforme annoncée semble-t-elle atteindre précisémeut les officiers de l'ancienne armée, que des circonstances déplorables ont éloignés de la carrière qu'ils parcouraient avec tant d'éclat, et favoriser des hommes qui ont vécu loin des camps pendant la guerre, et saisi le casque et l'épée, le lendemain de la paix?

Pourquoi, dans l'ordonnance du 2 août, rien n'est-il précisé, sur l'importante question du tableau général qui doit comprendre tous les officiers en non-activité?

Pourquoi n'est-il pas dit quand ce tableau sera fait? quand il sera publié? ni même s'il sera public?

Comment n'a-t-on pas senti que, si l'époque de sa publication demeure incertaine, cette disposition devient nuisible, au lieu d'être utile à ceux en faveur desquels elle paraît avoir été prise?

Leur rappel à l'activité n'est-il pas menacé d'un ajournement indéfini?

Que si la liste demeure secrète, quelle garantie aura-t-on que les règles de l'ancienneté ne seront pas violées?

N'est-il pas évident, que, durant le tems nécessaire pour dresser et publier cette liste, plusieurs de ces braves atteindront les quinze années de service qui les frappent d'inactivité. Ce délai, dont ils ne seront pas responsables, leur deviendra-t-il fatal? que d'oublis! que d'obscurités! que de lacunes!

Cependant, je le répète, comme partout où se trouve le germe du bien, le bien finit par triompher des imperfections accidentelles, comme toutes les fois qu'on rend hommage à un principe, ce principe amène tôt ou tard avec lui le cortège de ses conséquences, je considère la loi du recrutement comme une conquête. L'édifice n'est pas construit, mais la base est posée.

J'ai dit le bien. Je vais tourner mes regards sur d'autres objets. Ce n'est pas ma faute si nos motifs de nous féliciter des pas que nous avons faits deviennent plus rares.

§ VI.

Concordat.

Il y a un an, la liberté de conscience était solemnellement proclamée. Rien dans nos lois, rien dans les traités qui décident de nos rapports avec l'étranger, rien dans les actes officiels du gouvernement ne pouvait jeter des doutes sur cette liberté. Si de fait, dans quelques provinces, elle était ou menacée ou troublée, les atteintes qui lui étaient portées étaient illégales et irrégulières. On pouvait s'en prendre aux fonctionnaires inférieurs qui n'avaient pas bien compris la charte ou qui la faisaient mal exécuter.

Un concordat est survenu pendant la session. Ce concordat, j'aime à le dire, n'a encore été exécuté nulle part. Mais plusieurs mesures préparatoires ont été prises qui semblent annoncer qu'il pourra l'être ; chose singulière, car étant l'objet d'un projet de loi présenté aux chambres, l'on ne conçoit guères, à moins de renverser toutes les règles constitutionnelles et de déchirer la charte, qu'il puisse recevoir le moindre commencement d'exécution, avant que les chambres l'ayent adopté.

Ce concordat ressuscite un acte du seizième siècle, qui dès-lors avait alarmé tous les amis, je ne dirai pas de la tolérance, malheureusement trop peu respectée à cette époque, mais de la dignité royale et des libertés de l'église gallicane. Il contient des clauses vagues, mais menaçantes pour tous les droits que la charte a garantis aux différens cultes professés en France (1). Il accorde

____

(1) L'article 10 du Concordat, qui engage le Roi à employer de concert avec le Saint-Père tous les moyens qui sont en son pouvoir pour faire cesser le plutôt possible les désordres et les obstacles qui s'opposent au bien de la religion et à l'exécution des lois de l'Église, est-il dirigé contre les protestans et autres communions non catholiques ? On pourrait le craindre ; car certes, dans le sens que le Pape doit attacher à ces mots : *les désordres et les obstacles qui s'opposent au bien de la religion et à l'exécution des lois de l'Église*, les hérésies sont des désordres et des obstacles de cette espèce. Alors que devient la liberté des cultes ? Cet article, au contraire, n'est-il dirigé que contre les catholiques peu soumis ? Mais toute négligence, toute infraction aux commandemens de l'Église étant un désordre et un obstacle à ses yeux, que devient la liberté individuelle ?

à un prince étranger une jurisdiction dans l'intérieur du royaume, jurisdiction qu'un Roi de France, plein de l'enthousiasme religieux le plus exalté, avait constamment repoussée. Il est enfin tellement destructif de tout notre ordre constitutionnel, que le projet de loi qui l'accompagne ressemble, dans plus d'un article, à une protestation anticipée contre ses dispositions les plus claires et les plus formelles (1).

Certes, l'on reconnaîtra, si l'on me rend justice, que je suis loin de rien exagérer. Analyser les vices de ce concordat, qui a excité une désapproba-

_____

(1) Comment l'article 13 de l'ancien Concordat, qui est relatif aux ventes nationales, n'a-t-il pu trouver sa place dans le Concordat nouveau, tandis que l'on ajoute dans l'article 2 de la loi qui accompagne ce dernier, que la disposition de cet article 13 demeure dans toute sa vigueur. Pourquoi abolir d'une main ce qu'on reconstruit de l'autre ? (*Voyez* l'ouvrage du général Jubé, ayant pour titre : *Encore un Concordat.*)

tion si universelle, me serait facile : mais l'opinion est avertie et cela suffit.

Ce concordat néanmoins plane sur nous. Nos députés, en leur qualité de députés, n'ont émis aucune opinion à cet égard. Il peut être reproduit et il dépend des chambres de l'adopter dans la session qui va s'ouvrir. C'est donc un péril nouveau, survenu récemment, et j'en conclus que sous ce rapport, nous sommes plus mal que l'année dernière.

§ VII.

État de la liberté de la presse.

En 1817, après la loi du 28 février, la liberté de la presse ne paraissait pas sans doute complètement garantie. Cette loi était défectueuse à beaucoup d'égards. Elle rappelait une loi de circonstance, une loi provisoire, celle du 9 novembre 1815, dont la sévérité était excessive, et qu'il était fâcheux de voir confirmer dans la législation permanente. Elle ne mettait aucun terme à l'effet des saisies,

dans le cas même d'un jugement favo-
rable, suivi d'un appel du ministère public à la cour royale. Elle tenait ainsi
indéfiniment les ouvrages en chartre pri-
vée. Il suffit de lire les discours pronon-
cés par les ministres, à la session dernière, pour se convaincre des vices de
cette loi. Personne ne l'a réprouvée plus
sévèrement que ses auteurs (1).

De plus cette loi venait à peine d'être
rendue, que les doctrines du ministère
public, dans les procès de deux écrivains,
tous deux condamnés, avaient répandu
l'alarme parmi tous les hommes attachés
aux droits de la pensée et aux principes
de la Charte. Des magistrats, respectables d'ailleurs, et dont il ne faut attribuer l'erreur passagère, qu'ils ont eu le
mérite d'avouer, qu'à l'inexpérience in-
séparable d'un nouvel état de choses,
avaient confondu le roi avec ses mi-

____

(1) Voyez les discours des ministres en décembre
1817.

nistres, prêté un sens séditieux à des phrases conpables tout au plus d'insignifiance, restreint le droit de défense dans les accusés, et s'étaient efforcés, sous un régime représentatif, de fermer aux Français la carrière de la politique, c'est-à-dire de leur enlever l'exercice de leurs facultés et la jouissance de leurs droits.

Cependant la loi du 28 février 1817 avait été une amélioration sensible de la législation antérieure. Les théories du ministère public avaient paru désavouées par le gouvernement. Des articles presqu'officiels, insérés dans les journaux, où l'on sait que tous les articles qui touchent aux discussions constitutionnelles ne sont admis que par ordre, avaient rendu aux esprits éclairés une sorte de sécurité, et surtout avaient fait naître beaucoup d'espérances. Dans ces articles les écrivains ministériels avaient reconnu toutes les bases de la liberté de la presse. Ils avaient mis une grande insistance à prouver que les ministres avaient eu l'intention sincère de la garantir mieux qu'elle ne l'avait jamais été. Loin d'embrasser la cause de ceux de MM. les avocats du Roi qui s'étaient montrés les adversaires de cette liberté, ils avaient déclaré que les doctrines que ces magistrats établissaient, les maximes professées par eux, ne formaient point une jurisprudence : que ces magistrats pouvaient se tromper, puisqu'ils étaient hommes, et que les juges ne devaient point les regarder comme les interprètes infaillibles de la loi : que plusieurs de leurs assertions étaient erronées, (celle, par exemple, qu'attaquer les ministres, c'était attaquer le roi). Ils avaient enfin, en opposition avec M. de Vatisménil, consacré formellement le principe que l'imprimeur qui avait rempli toutes les formalités prescrites ne devait jamais être condamné comme complice de l'écrivain. « L'armurier qui a livré des armes, » avaient-ils dit, « le pharmacien qui a » vendu des substances délétères, en se » conformant à ce que prescrivent à ce » sujet les réglemens de police, ne sont

» point responsables de l'emploi qui en
» sera fait. De même, hors le cas où l'é-
» crit est anonyme, l'imprimeur ne nous
» paraît devoir être responsable que
» lorsqu'il contrevient aux règles qui lui
» sont prescrites, à la législation spé-
» ciale de sa profession. Sa contraven-
» tion est alors une preuve de sa com-
» plicité. Dans le cas contraire, sa fidé-
» lité à se conformer à la loi est la preuve
» de son innocence. Il n'est pas question
» de savoir s'il a pu comprendre ou ju-
» ger l'écrit qui lui a été confié. Cela
» peut dépendre de la capacité de son
» esprit, et la loi ne punit point les
» pauvres d'esprit. Il n'a point reçu d'elle
» la mission de censurer les écrits, mais
» l'autorisation de les imprimer. S'il se
» respecte, il n'imprimera point ce qui
» lui paraîtra blesser les lois, les mœurs
» et l'ordre public : mais il n'est pas
» justiciable des tribunaux parce qu'il
» n'a pas reconnu ce qui était blâmable.
» Quand il a déposé l'ouvrage imprimé,
» la police est avertie. C'est à elle à em-

» pêcher que le mal ne se répande ; s'il
» y en a. L'imprimeur est, en ce cas, suf-
» fisamment puni par la perte qu'il
» éprouve , et la privation du gain qu'il
» s'était promis (1). »

Je cite les journaux comme une autorité officielle, parce que lorsqu'un Gouvernement s'empare des journaux , et s'en sert pour défendre ses mesures, et pour réfuter les écrivains qui les blâment , ce qu'il dit doit être considéré d'une part comme un aveu , de l'autre comme un engagement.

Le ministère public lui-même , éclairé par ces discussions , était convenu ingénuement que les questions politiques n'avaient pas fait l'objet principal de ses études , et le même magistrat qui avait invité les écrivains à fuir cette périlleuse carrière, les avait tout-à-coup invités aussi à y rentrer, à signaler les erreurs qu'ils apercevaient dans la marche du Gouvernement , à ne pas craindre de demander la revision ou l'abrogation des lois, et

____

(1) Voyez le Moniteur du 25 juillet 1817.

dans sa sollicitude touchante sur l'effet que pouvaient avoir produit ses menaces antérieures, *s'il était possible*, s'était-il écrié, *que la sévérité de nos fonctions vous intimidât, que nos protestations vous rassurent* (1).

Au commencement de la session dernière, les ministres s'étaient annoncés comme voulant marcher sur cette ligne constitutionnelle et libérale. En montant à la tribune, pour proposer un nouveau projet de loi, ils avaient considéré comme superflu tout développement des avantages de la liberté de la presse, que « les citoyens comptent au nombre de » leurs droits les plus chers, les dépu- » tés parmi les plus sûres garanties de la » constitution de l'Etat, et dont les amis » des sciences, des lettres, et de la vé- » ritable philosophie apprécient les bien- » faits. » Ils avaient vanté « cette liberté » salutaire, qui a jeté un si grand jour

(1) Voyez le discours de M. Vatisménil dans le procès de MM. Comte et Dunoyer.

» sur les matières les plus hautes, comme
» sur les plus communes , et qui est elle-
» même un si puissant moyen de gou-
» vernement. » Mettant avec raison une
grande importance à l'instrument nécessaire de cette liberté précieuse , ils
avaient « dégagé les imprimeurs de toute
» responsabilité, toutes les fois qu'ils au-
» raient été fidèles à la discipline et aux
» règles de leur profession. » Ils avaient
projeté « d'adoucir les dispositions de la
» loi du 9 novembre , loi faite dans des
» circonstances encore présentes à la
» mémoire , mais n'existant plus , puis-
» que nous vivons dans des tems meil-
» leurs. » Ils avaient enfin promis l'a-
mélioration de la loi du 28 février 1817,
« en ne permettant plus ces saisies pro-
» longées, qui fesaient d'une main-levée
» tardive l'équivalent d'une véritable
» suppression (1). » Tel était l'hommage
qu'ils avaient rendu au droit constitution-

---

(1) Discours de M. le garde des sceaux, moniteur
du 18 novembre 1817.

» nel, qu'ils reconnaissaient pour l'auxi-
» liaire de tous les autres. »

Ainsi, lorsque les dernières élections s'étaient ouvertes, la liberté de la presse, bien qu'imparfaitement garantie par des lois qui avaient besoin d'être améliorées, était consacrée dans tous les discours qui émanaient du Gouvernement. Le ministère public avait abjuré les doctrines contraires. Les écrivains osaient défendre sa cause et la leur. Elle existait de fait à un haut dégré. Voyons où nous en sommes aujourd'hui sous ce rapport.

Le lecteur n'exigera pas que je le promène à travers tous les procès qui ont eu lieu, depuis les protestations éclatantes que je viens de lui retracer, ou plutôt à travers les procès qui ont commencé, lorsque ces protestations retentissaient encore à la tribune, et qui ont continué sans interruption jusqu'à ce jour, de sorte qu'un étranger qui aurait passé de la Chambre des Députés au Palais de justice, aurait pu se croire dans deux pays et sous deux législations différentes. Je me bornerai à proposer des questions dont la solution sera, je le pense, évidente pour tous mes lecteurs. Je rédigerai ces questions, de manière à ce qu'elles s'appliquent et aux maximes que le minstère public professe, et aux jugemens que les tribunaux prononcent. Si ces jugemens et ces maximes sont incompatibles avec la liberté de la presse, je n'en conclurai point que les unes soient fausses et les autres injustes : je respecterai les magistrats, et je me soumettrai à la chose jugée : mais assurément l'on me permettra d'en tirer cette conséquence que notre position sous ce rapport est changée depuis un an.

La liberté de la presse peut-elle exister, quand des idées générales sont susceptibles, par des interprétations et des inductions poussées à l'infini, d'attirer des peines sur les écrivains qui les publient ? La liberté de la presse peut-elle exister, quand le ministère public, après avoir converti ces idées générales en applications particulières, que l'auteur n'a ni énoncées ni prévues, invoque pour juger ces applications, non la loi commune, mais une loi extraordinaire, une loi de circonstance, déclarée provisoire dans son préambule, et rendue au milieu d'une crise violente, avec le but déterminé de réprimer, non des ouvrages d'une certaine étendue, mais des cris séditieux et des placards incendiaires? N'est-ce pas néanmoins ce qu'a fait le ministère public, dans le procès de M. Scheffer? A l'occasion de cette pensée, *que ce n'est pas au Gouvernement seul à défendre les intérêts nationaux, vis-à-vis des puissances alliées*, pensée qui évidemment ne signifie autre chose, sinon que l'assentiment des mandataires du peuple et l'esprit national de ce peuple même sont d'heureux auxiliaires pour un Gouvernement qui prend en main la cause de notre indépendance et de notre dignité, le ministère public a invoqué la loi du 9 novembre contre l'écrivain coupable, a-t-il dit, « d'avoir indirectement » excité à désobéir à la Charte constitu-

» tionnelle, qui prononce que le Roi est
» le chef suprême de l'Etat, et fait les
» traités de paix et d'alliance (1) ? »

La liberté de la presse peut-elle exister, lorsque, dans son impulsion interprétative, le ministère public, par inattention sans doute, car à Dieu ne plaise que j'inculpe ses intentions, attribue aux auteurs des phrases qu'ils n'ont point écrites, et qui, altérant le texte de leur ouvrage, créent ou aggravent le délit ? (2)

La liberté de la presse peut-elle exister, quand le ministère public ne cite plus les passages qu'il attaque, mais seulement les pages de l'ouvrage dénoncé ? Cette pratique, récemment introduite (3), et qui est trop commode pour être de sitôt abandonnée, n'est-elle pas contraire à la publicité des procédures, publicité

---

(1) Discours de M. Marchangy, dans le procès de M. Scheffer.

(2) Voyez le procès du Surveillant.

(3) Discours de M. Marchangy, dans le procès de M. Creton.

voulue par la loi? Est-ce la figure de M. le procureur du roi et de MM. les juges que les spectateurs ont seulement droit de voir? N'est-ce pas aussi la discussion des charges qu'ils ont droit d'entendre? Les écrivains traités de la sorte ne se trouvent-ils pas dans une position plus défavorable que les prévenus de tout autre crime, dont au moins le délit est discuté devant le public? N'est-ce pas anéantir l'utilité même des condamnations, si elles sont justes? Si un auteur est puni, pour un passage ignoré de tous, sa punition sert-elle d'exemple? Que nous apprend-elle? Que tel homme a été frappé par tels juges, au nom de telle loi, mais nullement ce qu'il faut faire ou ce qu'il faut éviter, pour n'être pas frappé comme lui?

La liberté de la presse peut-elle exister, quand le ministère public n'a point de jurisprudence fixe, et que le même magistrat dit, à trois mois d'intervalle, tantôt, *que ce qui a besoin d'être interprété ne saurait être dangereux, parce qu'il faut que le sens sorte lui-même des paroles* (1), *et tantôt, que pour saisir, dans leurs formes variées, ces protées insidieux, nommés provocations indirectes, il faut interpréter les écrits, moins d'après quelques expressions que sur le sens général, et consulter plutôt l'intention que les termes ?* (2)

La liberté de la presse peut-elle exister, lorsque les tribunaux posent en principe qu'un écrivain peut être puni, pour avoir dit la même chose qu'un autre écrivain, qui jouit de l'impunité, et qu'on peut mériter la prison, pour avoir rappelé des faits rapportés dans d'autres ouvrages qui circulent librement, et dont les auteurs ne sont exposés à aucune poursuite ? (3). N'y a-t-il pas injustice et bouleversement des garanties sociales à laisser au ministère public le

---

(1) Discours de M. Marchangy dans le procès de M. Tartarin.

(2) Discours de M. Marchangy dans le procès de M. Scheffer.

(3) Jugement rendu contre M. Darmaing.

droit de poursuivre ou de ne pas poursuivre, selon son bon plaisir? N'est-il
pas de son devoir de poursuivre indis-
tinctement tout ce qui est coupable ?
En s'arrogeant le droit de choisir, n'in-
duit - il pas les écrivains en erreur ?
L'impunité des uns n'a-t-elle pas l'effet
d'un piége tendu à la confiance des autres ? Ce droit de choisir, ce droit,
par conséquent, d'épargner ceux qu'on
favorise ou qu'on ménage, n'est-il pas
en quelque sorte un empiétement du
ministère public sur la faculté de faire
grâce, réservée au monarque seul ? N'en
résulte-t-il pas une incertitude qui fait
de la justice un hasard, et des peines
une loterie ? Enfin, y a t-il liberté,
là où il y a pouvoir discrétionnaire ?
MM. les avocats du roi croiront-ils ré-
soudre ces difficultés, en repoussant ces
questions comme inconvenantes? Pré-
tendront - ils, à l'exemple de M. Marchangy, dans le procès de M. Féret (1),

---

(1) Voy. ce procès dans les journaux du 18 mai 1818.

que *nul n'a le droit de leur tracer leur devoir?* Mais, partout où un devoir existe, tous ceux que ce devoir intéresse n'ont-ils pas le droit de l'invoquer? Entre l'avocat qui le rappelle, et le magistrat qui déclare que lui seul est juge de l'obligation de le remplir, où est la raison, la loyauté, la justice?

Une portion de la liberté de la presse n'est-elle pas de pouvoir relever les actes des fonctionnaires publics que l'on croit contraires à la charte et aux droits des citoyens? Nous devions le penser. On nous l'avait dit à la tribune, en termes positifs. Dans le rapport fait à la chambre des députés, sur les restrictions à imposer aux journaux, le rapporteur avait fait ressortir avec beaucoup de force, toutes les garanties que nous assurait la liberté des livres. « Le jour où les ministres abuse- » raient de leur autorité sur les jour- » naux », avait-il dit, « la liberté de la » presse, dont nous jouissons pour tous » les autres ouvrages, ne serait pas un » vain recours; et les plaintes respec-

» tueuses de la nation, arrivant de toutes
» parts aux pieds du trône, feraient pâlir
» des ministres prévaricateurs (1). » Il a
» été commis une injustice à l'égard d'un
« citoyen, par un préfet, par un ministre »,
avait ajouté un député dont les opinions
ne sont nullement entachées de déma-
gogie (2) ; « il dénonce *au public* ce pré-
» fet, ce ministre, cette injustice. Voilà
» la liberté dont nous jouissons, *et dont*
» *nous allons jouir plus que jamais.* » Si
maintenant on déclare que les fonctionnaires étant responsables, il faut les accuser devant les tribunaux, et non les
traduire devant l'opinion, ne détruit-on
pas la liberté de la presse? Accuser n'est
pas écrire. Dans tous les pays, soit qu'ils
jouissent ou non de la liberté de la presse,
la faculté d'accuser un fonctionnaire
coupable existe toujours. Elle résulte de
la nature des choses. Sous Frédéric II,
roi despotique, la presse, libre de fait,
ne l'était pas de droit. Cependant un

(1) Moniteur du 19 janvier 1817.
(2) Moniteur du 20 janvier.

meûnier put accuser devant le monarque une cour suprême. Lors donc que
le ministère public argue de la responsabilité des dépositaires du pouvoir à la
nécessité de les accuser, ne confond-il
pas deux idées? Ne méconnaît-il pas l'intention de la charte, en substituant à la
liberté de la presse une autre liberté,
si l'on veut, celle d'accuser juridique-
ment, mais enfin une liberté qui n'est
pas celle dont il est question ? La charte,
en reconnaissant par son article VIII le
droit d'imprimer, et en déclarant, par
son article XIII la responsabilité des ministres, a voulu nous assurer deux libertés; est-il permis au ministère public de
nous en ravir une (1)? Sans doute, il faut

---

(1) Cette doctrine vient d'être reproduite par l'un
de MM. les Procureurs-généraux près le Tribunal de
Cassation, dans la cause de MM. Comte et Dunoyer,
sur l'incompétence du tribunal de Rennes. « Ce ma-
» gistrat, » dit le Moniteur du 19 septembre 1818,
« a exprimé le vœu de voir les écrivains s'en rappor-
» ter au Gouvernemens et aux Chambres, du soin de

réprimer la calomnie , et de même qu'un homme qui dénoncerait aux tribunaux un fonctionnaire irréprochable , devrait porter la peine de sa dénonciation mensongère ; de même, lorsqu'un écrivain dénonce à l'opinion un agent de l'autorité qui n'est pas coupable , cet écrivain doit être puni. Mais son crime

---

» faire exécuter les lois par les fonctionnaires, et de » veiller au maintien de nos libertés. » Je le demande de nouveau : que devient alors cette liberté de nous plaindre des injustices en les traduisant devant l'opinion , liberté dont on nous disait dans les Chambres mêmes que nous jouissions , et dont on nous promettait que nous jouirions plus que jamais ? Si j'en croyais un autre journal, celui des Débats, qui paraît toutefois avoir extrait ce discours de M. le Procureur-général avec bienveillance et fidélité, j'aurais bien d'autres motifs de surprise. Ce magistrat aurait dit « que les auteurs doivent se persuader que dans » tous les états il y a des occasions de montrer du » patriotisme et d'acquérir de la gloire ; mais que » dans les états représentatifs , ces occasions sont ra- » res. » Il n'est pas possible que M. le Procureur-général ait dit cela.

n'est pas d'avoir dénoncé cet agent à l'opinion, c'est de l'avoir dénoncé à tort.

Que sera-ce, si l'on réfléchit que la législation, qui doit organiser la responsabilité, n'a pas même encore été présentée ! Qu'il n'existe aucun moyen légal de prendre à partie un agent du pouvoir ! Qu'il faut obtenir la permission de commencer de pareilles poursuites, et l'obtenir d'une autorité qui, presque toujours, est intéressée, au moins d'amour-propre, à la refuser ! Ne semblerait-il pas que le ministère public veut nous détourner de la route naturelle et praticable qui nous est ouverte, en nous invitant à entrer dans une autre qui se trouve fermée par un mur que nous ne pouvons franchir ?

Un des plus nobles et des plus heureux effets de la liberté de la presse n'est-il pas de favoriser cette disposition des ames généreuses à prendre en main la cause des opprimés ? Ne détruit-on pas ce précieux résultat d'une faculté que la constitution nous accorde, en déclarant que , *lors même que les actes qu'on ferait connaître seraient véritables , si ceux qui les publient ne sont pas eux-mêmes la partie lésée, ils sont inexcusables de s'arroger ainsi une censure d'office au détriment de la chose publique* (1)? Flétrir, autant qu'on le peut , ceux qui plaident pour les simples citoyens contre le pouvoir , et diriger contre eux la rigueur des lois qu'on étend et qu'on interprète, n'est-ce pas méconnaître et le caractère national, et les règles de morale politique qui doivent diriger un peuple libre ? Est-ce sous un régime constitutionnel que le ministère public peut dire que *défendre un accusé sans titre et sans mission , c'est entrer de vive force dans un délit, c'est aspirer à s'en rendre complice* (1)? La première maxime de tout état constitutionnel, au contraire, n'est-elle pas, que lorsqu'un seul

---

(1) Discours de M. Marchangy, dans le procès de la Bibliothèque historique.

(2) Discours de M. Marchangy contre M. Esneaux.

membre du corps social souffre injuste-
ment, tous sont menacés? Sans doute,
il faut savoir si la souffrance est injuste :
mais pour le savoir, il faut l'examiner,
et comme tous y sont intéressés, cet
examen est permis à tous. Objecter à ce
droit incontestable que révoquer en
doute l'infaillibilité des tribunaux, *c'est
attaquer indirectement l'autorité royale,
parce que toute justice émane du roi* (1),
n'est-ce pas fonder une jurisprudence
sur un abus de mots? N'est-ce pas éten-
dre au-delà de toute raison et de toute
mesure une loi qu'on ne saurait circons-
crire dans des limites assez étroites (2)?
N'est-ce pas établir une doctrine d'après
laquelle Voltaire aurait été puni pour
avoir sauvé Calas, et Dupaty pour avoir
arraché trois innocens à la roue?

La liberté de la presse peut-elle exister, lorsqu'on applique aux fonction-

---

(1) Discours de M. Marchangy contre le Surveillant.

(2) La loi du 9 novembre.

naires publics des dispositions du code pénal, qui manifestement ne sont applicables qu'aux particuliers? Lorsqu'on exige que l'acte arbitraire qu'un écrivain dénonce ait été déclaré arbitraire, avant que la dénonciation ait eu lieu? Lorsqu'on ne regarde pas comme authentique les arrêtés, les proclamations, les circulaires des autorités auxquelles néanmoins les citoyens sont tenus d'obéir, de sorte que, d'après la nouvelle jurisprudence, il peut se faire qu'un individu subisse une peine comme réfractaire aux lois, pour avoir désobéi à un acte que le tribunal qui le condamne pour désobéissance regarde comme devant être exécuté, et une autre peine, comme calomniateur, pour s'être plaint de ce même acte, dont le tribunal qui juge le procès en calomnie déclare qu'il ne rapporte pas la preuve authentique (1)?

Enfin la liberté de la presse peut-elle exister, quand on fait peser la responsa-

---

(1) Jugement contre la Bibliothèque historique.

bilité sur l'imprimeur, lors même que l'auteur de l'ouvrage poursuivi se présente et l'avoue ? La faculté de publier, et de faire imprimer leurs opinions, faculté que la charte accorde à tous les Français, ne devient-elle pas une dérision, si les moyens d'exercer cette faculté leur sont enlevés ? L'article de la charte qui s'oppose à la censure n'est-il pas violé, si la censure, qu'on n'ose plus confier aux agens de l'autorité, est imposée à des imprimeurs, non moins dépendans de l'autorité que les censeurs, puisque leur brevet est révocable ; à des imprimeurs dont les occupations, nombreuses et en partie mécaniques, ne leur permettent pas, quelque éclairés que soient plusieurs d'entr'eux, l'examen des livres qu'on leur présente ; à des imprimeurs, instrumens passifs des écrivains qui, sur leur responsabilité propre, veulent publier leurs opinions ? Que dirait-on d'un pays dont la constitution garantirait à tous ses habitans le droit de naviguer sur les fleuves, et dont les ministres feraient brûler toutes les barques et incarcérer tous les bateliers ? N'est-il pas bizarre que, tandis que le chef de la justice déclare à la tribune, en face de la nation, que « les imprimeurs ne sont » point appelés à exercer sur les auteurs » une magistrature que la loi a *jugée* » incompatible avec la liberté des opi- » nions, qu'il n'y a point de censure en » France, que, s'il y en avait une, elle » devrait être placée plus haut, et qu'il » ne conviendrait point d'abandonner » aux calculs d'un intérêt personnel sou- » vent mal entendu, et quelquefois dé- » pravé par les conseils d'une avidité » sordide, le discernement d'un si grand » bien et d'un si grand mal (1); n'est-il pas bizarre, dis-je, qu'un magistrat in- férieur oppose à ces déclarations si formelles, à ce *jugement* prononcé par la loi, ses théories et ses volontés, qu'il prétende « que les imprimeurs et les li-

______

(1) Discours de M. le garde des sceaux, moniteur du 18 novembre 1817.

» braires sont assimilés aux complices
» du délit, qu'ils doivent partager la res-
» ponsabilité de ce qu'ils publient, afin
» qu'ils craignent de jouer, pour un gain
» scandaleux, la sécurité de leur établis-
» sement commercial (1) », c'est-à-dire,
qu'ils doivent exercer cette censure que
le ministre de la justice a déclaré ne pas
leur appartenir, et avoir été *jugée* incompatible avec la liberté? Qui croirons-
nous, du ministre, ou d'un substitut
d'un procureur du roi? Et quand on
nous dit que la condamnation des imprimeurs *s'adresse précisément à la
source du mal* (2), n'est-il pas clair que

(1) Discours de M. Marchangy, dans le procès de
M. Créton.

(2) Même discours. Il est remarquable qu'immédiatement après le rejet du projet de loi de l'année dernière
sur la presse, le moniteur inséra l'article suivant, tiré
du *Journal des Maires.* « Aucune des lumières répan-
» dues cette année dans les discussions des deux
» chambres, ne seront perdues pour le législateur.
» Aucune des améliorations dont on avait conçu la
» pensée ne sera mise en oubli. *Déjà le bien projeté,
» mais qui, par l'effet du rejet de la loi, n'a pu être*

ce qu'on appelle le mal, c'est cette liberté des opinions qui, d'après l'aveu du ministre, n'est pas compatible avec la responsabilité des imprimeurs ?

» introduit dans la législation, a passé peu à peu » dans la jurisprudence. Chaque pas que nous fesons » tend à mettre à couvert devant les tribunaux la res- » ponsabilité des imprimeurs. L'état actuel de la presse » doit offrir des motifs de sécurité pour l'avenir à ceux » qui semblent n'être jamais assez rassurés par la » modération du pouvoir, ainsi qu'aux hommes dont » la prudence redoute avec raison une liberté sans » limite et sans frein. » Moniteur du 15 mars 1818. Telles étaient les promesses du journal officiel. Lisez maintenant les réquisitoires du ministère public. Il est curieux d'observer que sa doctrine nouvelle de la complicité et de la responsabilité des imprimeurs n'a été défendue par aucun des journaux censurés par l'autorité. Mais une feuille qui est affranchie de la censure a osé s'en féliciter. Après avoir, suivant sa coutume, insulté les écrivains condamnés, cette feuille continue ainsi : « Les libraires veulent abso- » lument lire les manuscrits qui leur sont confiés. » Le sort de MM. Plancher et Lhuillier décourage » leurs confrères ». Tant il est vrai que les valets volontaires sont plus déhontés que la livrée.

Je pourrais ajouter à ces questions d'autres observations qui se présentent en foule. La jurisprudence actuelle sur la liberté de la presse est un labyrinthe dont il est impossible à l'intelligence humaine de démêler les détours. Tout est à la merci du ministère public. Il poursuit, il ménage, il épargne, il propose même de faire grâce (1), il détourne les coups ou il les aggrave, comme bon lui semble. Mais j'en ai dit assez, je le pense, pour arriver à la conclusion de cette partie de mon examen, et je ne crains d'être démenti par aucun homme impartial, en affirmant que, sous le rapport de la presse, nous avons fait, depuis dix mois, des pas rétrogrades, et que l'année 1817, malgré les traditions de Bonaparte, et les lois de 1814, entées sur l'arbitraire impérial, était une époque de liberté pour les écrivains, si nous la comparons à l'état présent.

––––––––––

(1) Discours de M. Marchangy, dans le procès de M. Creton.

44

Censure des journaux.

L'idée de soumettre les journaux à la police, c'est-à-dire, de placer les faits et les opinions au même rang que les vagabonds et les courtisanes, n'est pas une invention du ministère actuel. C'est une portion de l'héritage d'un temps antérieur ; mais cet héritage a été recueilli, cultivé, perfectionné par le ministère.

En demandant à l'assemblée, dans l'avant dernière session, la continuation de cette étrange prérogative, il avait promis qu'il n'en mésuserait pas. « Craindrait-on », disait un ministre, « que le » gouvernement n'abusât, comme les » autorités antérieures, de l'influence » qu'il aura sur les journaux (1) ? Des mi-» nistres ambitieux pourraient le faire », ajoutait un commissaire du roi : « mais » où sont les avants-coureurs de ces si-

____

(1) Moniteur du 8 décembre 1817.

» nistres présages (1)? Le gouvernement »,
poursuivait un orateur d'autant plus élo-
quent qu'il est toujours conscientieux et
intègre, « ne fera de tous les pouvoirs
» ordinaires et extraordinaires qu'on
» lui laisse, qu'un usage purement dé-
» fensif avoué par la raison (1) ».

En effet, durant la session des chambres, et même pendant les deux ou trois
premiers mois qui suivirent cette session, l'emploi ministériel des journaux,
toujours fâcheux dans son influence sur
l'esprit public, fut néanmoins aussi ré-
servé et aussi prudent que le comporte
l'arbitraire. Tout en relevant l'inévitable
puérilité d'un pareil système, ses tâton-
tonnemens, ses inconséquences, ses or-
dres mal remplis, et ses interdictions
éludées, j'avais reconnu cette espèce de
mérite, dans la manière dont ce système
s'exécutait. Le ministère, avais-je dit,
n'exerce sur les journaux qu'un empire

____

(1) Moniteur du 28 janvier 1818.
(2) M. Camille Jordan. Moniteur du 30 janvier.

négatif. Il paraît avoir prescrit à ses écrivains de ne point attaquer ceux auxquels il est interdit de se défendre, et lorsqu'il croit nécessaire de commander un écrit, il enjoint la mesure et même la politesse.

Mais depuis les dernières élections, il s'est un peu affranchi de cette règle.

A cette époque, se croyant obligé d'écarter les candidats qui lui déplaisaient, il pensa vraisemblablement que, dans ce but, tout lui était permis. Certains journaux, jusques alors esclaves muets, devinrent des mercenaires furieux. Je m'abstiens des détails, la mémoire de mes lecteurs m'en dispense.

Les journaux ministériels ont conservé ces fâcheuses habitudes; ils insèrent encore aujourd'hui de longues et injurieuses diatribes, tantôt contre des écrivains dont le seul crime est d'être indépendans (1), tantôt, ce qui est plus scandaleux encore, contre des exilés, que la

______

(1) Voyez l'art. du journal des débats du 15 mai 1818 contre MM. Comte et Dunoyer, et du 20 juillet, contre la *Minerve*.

patrie regrette (1), ou contre des accusés détenus, sur lesquels quiconque
parle, avec un privilège de l'autorité,
devrait garder le silence (2).

Je n'accuse point les ministres de tout
ce que publient les hommes enrôlés sous
leurs étendarts. Je suis convaincu que
s'ils lisaient ce qu'écrivent en leur nom
ces hommes qu'ils ont le tort de ne pas
désavouer assez clairement, ils rougi-
raient souvent de ce qu'on présente
comme leur pensée. Mais un des mal-
heurs de la puissance, c'est qu'autour
d'elle se groupent des intérêts si vils,
des dévouemens si aveugles, des empres-
semens si maladroits, qu'elle se trouve
compromise par cette tourbe d'auxiliaires
dont la défaveur rejaillit sur ses maîtres.

Il en résulte que l'asservissement des
journaux a aujourd'hui des conséquences

---

(1) Voyez l'art. récent du journal des débats,
contre les français réfugiés en Amérique.

(2) Voyez l'art. du journal des débats contre le général Canuel, du 24 juillet :

Tros Rutulusve fuat, nullo discrimine habebo.

plus déplorables qu'il n'en avait il y a un an. Deux ou trois, tout au plus, gardent une sorte de dignité dont on leur sait gré, mais qui n'a de moyen de se conserver que le silence. Le reste, feuilles avilies et décréditées, offrent perpétuellement le honteux spectacle du pouvoir dirigeant l'insulte contre des ennemis sans défense. Il est prouvé qu'une faculté que le ministère n'avait réclamée que comme un moyen de maintenir le calme, et d'empêcher des haines mal éteintes de se réveiller avec fureur, est devenue un moyen de satisfaire d'autres haines. Puissions-nous n'en pas acquérir incessamment de nouvelles et de tristes preuves !

J'en conclus, que sous ce rapport, encore, notre position s'est détériorée.

§ IX.

Autres améliorations non effectuées.

Enfin beaucoup d'améliorations non moins essentielles dans d'autres parties de nos lois, étaient sollicitées par l'opinion publique. Notre code pénal, monument d'un autre régime et d'une sévérité despotique ; l'instruction nationale , menacée d'un envahissement qui aurait le double tort d'être vexatoire et d'être inutile , car ce qui contrarie les idées du siècle blesse et n'influe pas; la nomination des jurés , qui assimile cette institution préservatrice à des commissions extraordinaires ; la responsabilité des ministres toujours invoquée par eux pour obtenir du pouvoir , toujours insaisissable pour nous, quand ce pouvoir nous frappe ; le système municipal , dont aucuue base n'est encore posée ; toutes ces choses exigaient une révision sérieuse et une réforme qui aurait du moins pu être annoncée. Toutes sont restées dans leur imperfection avec leurs vices et leurs lacunes.

Le code pénal n'a été ni revu ni adouci. La mort y est toujours prodiguée avec une légèreté barbare. On n'a point rejeté ces supplices absurdes dont l'effet est de forcer les condamnés , en les flétrissant

pour jamais , à persévérer dans le crime ,
même lorsqu'ils l'ont expié par le châtiment. Une loi de circonstance , dont j'ai
parlé plus d'une fois dans ces feuilles ,
la loi du 9 novembre 1815 , menace de
devenir partie de ce code , et d'aggraver
son impitoyable sévérité , puisque l'époque de son abrogation est déjà passée ,
et que l'on refuse de la reconnaître
comme abrogée(1). Aucune précaution n'a
été prise contre la prolongation indéfinie
des détentions , prolongation que tant de
lois facilitent, que tant de prétextes excu-
sent , et qui, cependant , inflige à l'innocence un châtiment souvent plus rigou-
reux que celui qu'aurait mérité le délit
dont on l'accusait à tort. Une peine, dont les

---

(1) Si l'on m'accusait d'indiquer avec trop de
force les vices des lois encore existantes , je rappel-
lerai ce que j'ai déjà dit, qu'un procureur du roi (et
MM. les procureurs du roi ne sont pas, je suppose ,
des amis de la licence) a invité les écrivains à ne pas
craindre de demander la révision ou l'abrogation des
lois. Or pour demander l'abrogation d'une loi, ne
faut-il pas prouver qu'elle n'est pas bonne ?

lois ne devraient frapper que les crimes les plus graves, le secret, supplice plus affreux que ceux auxquels bien des coupables sont condamnés, le secret, qu'on présente comme une mesure de prudence, et qui, dans le fond, est une épouvantable torture, le secret, qui livre sans secours le malheureux qui en est la victime, à la souffrance physique et morale, à la démence et au désespoir, le secret n'est point aboli. Sa durée est arbitraire et illimitée ; elle dépasse quelquefois ce que pourrait inventer l'imagination la plus ombrageuse, ou l'exagération la plus malveillante (2). Le mode de nomination du juri n'a point été changé. Choisis par les préfets, les jurés, j'aime à le croire, sont d'ordinaire des citoyens irréprochables : mais des hommes, choi-

---

(2) Il y a des exemples que des hommes, acquittés ensuite, ont été retenus au secret, les uns cent quatre-vingt-trois jours, les autres cent dix, les autres quatre-vingt-onze. (Procès de l'épingle noire). S'ils avaient perdu la raison dans cette solitude absolue, quelle réparation leur aurait-on faite ?

sis par un homme , ressemblent toujours à des commissaires. Ils ne rassurent point l'innocent S'ils appartiennent à l'un des partis qui nous divisent encore, ils offrent au coupable qui a suivi le même étendart , une chance d'impunité fâcheuse pour la justice et la sûreté publique. Ils ne satisfont point l'opinion, qui, souvent à tort sans doute , croit cependant toujours apercevoir l'autorité derrière eux. La responsabilité des ministres n'a reçu aucune organisation. Telle qu'elle est maintenant , c'est une théorie dont l'application est impossible. Quand les ministres l'invoquent dans la chaleur d'une éloquence patriotique , ils se font illusion à eux-mêmes, et semblent malgré eux se jouer de nous. Car ils nous exhortent à la confiance en nous peignant les peines sévères qui les attendent, s'ils en abusent, et lorsque nous recherchons quelles sont ces peines, nous trouvons que non-seulement aucune n'est indiquée , mais qu'aucune route n'est tracée à nos mandataires, soit pour l'examen, soit pour l'accusation.

Rien enfin n'a été fait pour introduire la liberté légale dans le système municipal. Aucun des magistrats du peuple n'est nommé par le peuple. Ceux-mêmes des intérêts des communes, qui, étant distincts des intérêts généraux, devraient se traiter comme des affaires de famille, demeurent confiés à des autorités émanées du pouvoir central, et nécessairement disposées à courtiser ce pouvoir, à lui complaire, à mériter le choix qu'elles en ont obtenu et dont elles sont flattées, en entrant dans ses vues, et en fesant plier devant lui les droits imperceptibles et en apparence insignifians des localités.

§ IX.

Du choix de nos députés.

Dire ce qui est mal, c'est indiquer ce qui doit être amendé. Dire ce qui n'a pas été fait, c'est indiquer ce qui est à faire. On voit combien d'objets variés et importans commandent les méditations et reclament surtout le courage de nos députés. De quels hommes pouvons-nous espérer ces méditations sérieuses et attendre ce courage difficile?

J'avais essayé l'année dernière de classer sous trois dénominations différentes les citoyens parmi lesquels nos députés peuvent être élus.

J'avais dit qu'il n'était pas prudent de porter à la députation des individus célèbres par leur attachement à l'ancien régime. Tout en rendant justice à plusieurs d'entr'eux, qui avaient défendu dans l'avant-dernière session quelques-unes de nos libertés, j'avais objecté à leur nomination le peu de confiance qu'ils inspirent. Je n'avais pas même déguisé, que, moins disposé que beaucoup d'autres à la défiance, je ne pouvais cependant nier que leur conversion ne me laissât quelques doutes. Mes appréhensions se sont réalisées en partie. Dans la loi du recrutement, on les a vus, il est vrai, voter contre les ministres, mais aussi contre les principes populaires. Lorsque, par le rejet d'une loi, la presse eut été mise à la merci du pouvoir, ils ont abandonné le député constitutionnel qui prédisait et voulait prévenir ce qui est arrivé et ce qui arrive encore (1). Un autre député qui proposait l'adoucissement de la loi du 9 novembre, a trouvé chez eux une véhémente opposition (2). Je persiste donc dans mon opinion ancienne, en ajoutant toutefois que ma censure ne porte point sur les deux membres les plus éminens de ce parti, qui, dans plusieurs occasions, se sont montrés ou plus habiles ou plus sincères.

Passant ensuite aux hommes que je désignais sous le nom de partisans des lois d'exception, et que je trouve aujourd'hui plus court et plus juste d'appeler simplement ministériels, j'avais annoncé que s'ils étaient portés à la chambre, ils feraient encore ce qu'ils ont toujours fait; que, dirigés par les

----

(1) M. Dupont de l'Eure. Moniteur du 18 février 1818.

(2) M. Cassaignoles. Moniteur du 28 février.

meilleures intentions du monde, ils ont le malheur d'être convaincus qu'un Etat ne saurait supporter la liberté, et qu'ils persévéreraient dans leur conviction que rien n'ébranle et dans leur permanence contre les principes. Me suis-je trompé?

Au moment des élections de l'année dernière, quand chaque colonne de chaque journal resplendissait de brillantes promesses et d'espérances flatteuses (1), on nous disait que si les ministres se réconciliaient avec les principes, les prin-

------

(1) J'invite mes lecteurs, pour leur instruction dans le moment actuel, à relire les journaux ministériels de l'année dernière, depuis le 1er jusqu'au 26 septembre. On eût dit vraiment que l'âge d'or était prêt à renaître, tant les ministres étaient bien intentionnés, tant ils étaient fatigués de tout arbitraire, tant ils aspiraient à le déposer. Leurs protestations allèrent en croissant jusqu'au 26 septembre. On sait que les élections durèrent six jours; mais, comme je l'observai dans le tems, à dater du 27, les protestations se modifièrent, et, par une marche habilement graduée, le ministère se retrouva quinze jours après cette époque précisément au point où il était auparavant.

cipes n'auraient pas de plus zélés défen-
seurs que les éligibles connus sous le nom
de ministériels (1). Il paraît que le ministère ne s'est pas réconcilié avec les principes, car les éligibles ou plutôt les
élus connus sous le nom de ministériels,
ne se sont guères fatigués à les défendre.

Qui est-ce qui a prolongé l'esclavage
des journaux, en reproduisant tous les
raisonnemens, ou pour mieux dire tous
les sophismes cent fois réfutés? Qni est-
ce qui a répété, en 1818 comme en 1817,
en 1817 comme en 1816, « que les
» journaux, feuilles vagabondes (2), ne
» pouvaient s'assimiler aux autres com-
» positions littéraires; que l'opinion pu-
» blique était aussi bizarre dans ses
» couleurs que brusque dans ses mouve-
» mens; qu'il fallait l'arracher à son dé-
» lire; que c'était dans l'intérêt des
» rédacteurs des journaux que la mesure
» d'exception était proposée, » (pro-

____

(1) Annales du 13 septembre 1817.
(2) Moniteur du 18 décembre.

bablement comme le code des colons a été rédigé pour l'avantage des nègres); « que le terme de trois ans ne suffirait » pas; qu'il faudrait après l'émancipa- » tion des journaux, une législation » spéciale et sévère (1); que nous n'é- » tions pas assez robustes pour nous » donner la fièvre; qu'uu malade cou- » rageux ne craignait pas l'amputation » quand elle était nécessaire pour sauver » les parties saines (2) » (comme si depuis vingt-cinq ans nous ne savions pas ce qui résulte de ces constitutions amputées)? Ce sont des éligibles connus sous le nom de minitériels.

Qui est-ce qui, dans cette même question des journaux, pour mieux assurer leur dépendance, a soutenu les ministres dans leur résolution subite d'extraire d'une loi un seul article et de faire voter la chambre, sans aucune des formalités voulues par la Charte et par le régle-

---

(1) Moniteur du 14 décembre.
(2) Moniteur du 12 décembre.

ment ? Qui est-ce qui a représenté cette altération grave à la marche régulière de ses délibérations, comme un simple changement dans l'ordre de travail et dans la manière de voter, introduisant ainsi un *précédent* dont le danger est d'autant plus grand que l'abus en est plus facile? (1) Des éligibles, connus sous le nom de ministériels.

Qui est-ce qui a paralysé les efforts de M. Dupont de l'Eure, pour retirer la liberté de la presse du cahos dans lequel il était bien facile de prévoir que le rejet de la loi proposée par les ministres devait la précipiter (2)? Des éligibles connus sous le nom de ministériels.

Qui est-ce qui a rejeté tous les adoucissemens à la loi du 9 novembre (3)? Des éligibles connus sous le nom de ministériels.

Avais-je donc tort, lorsque je disais

---

(1) Moniteur du 18 décembre 1817.

(2) Moniteur du 18 février 1818.

(3) Moniteur du 20 février 1818.

qu'ils arriveraient à la tribune avec les locutions consacrées, louant les principes, écartant leurs conséquences, admirant la règle, appuyant sa violation, érudits dans l'apologie de l'arbitraire, apôtres dangereux de la rigueur, et légitimes héritiers de nos législatures successives, dans ce qu'on peut nommer l'oraison funèbre de la liberté ? S'ils n'ont pas voté autant de lois d'exception que l'année dernière, c'est que les ministres n'en ont pas proposé autant. Le mérite, s'il y en avait, et si l'on pouvait attribuer aux hommes une réserve commandée par la force des choses, appartiendrait au ministère et non pas aux ministériels.

En veut-on la preuve ? J'ai rapporté les hommages rendus par les ministres à la liberté de la presse, au moins en théorie. J'ai montré M. le garde des sceaux reconnaissant l'inconstitutionnalité de toute censure. Je parcours maintenant les discours ministériels et je lis : « Ce n'est pas à » la loi qui *punit l'abus* que l'écrivain doit » se conformer ; c'est à la loi qui contient

» la liberté de la presse, par des *précau-*
» *tions* salutaires. (4) » (Ainsi nous reve-
nons au système de *prévenir*, auquel
les ministres avaient renoncé, au lieu de
nous borner à *réprimer*, seule faculté que
donne la Charte.) « Le gouvernement re-
» présentatif est celui dans lequel la né-
» cessité de la liberté de la presse se fait
» le moins sentir. Les restrictions qu'on
» propose raviront-elles à la nation le ré-
» cit touchant des vertus des augustes
» descendans de Henri IV ? (2) La liberté
» de la presse pourrait bien être un fléau
» politique, non moins qu'un droit salu-
» taire. On se défie des abus de l'autorité :
» je me défie bien plus des écarts de la
» presse (3) .»

Si des simples discours, je passe aux
propositions, je vois, parmi les ministériels, les uns demandant que les imprimeurs soient responsables, quand ils au-

---

(1) Moniteur du 14 décembre 1817.
(2) Moniteur du 12 décembre 1817.
(3) Moniteur du 15.

ront imprimé en connaissance de cause un ouvrage saisi, les autres s'épouvantant de ce que le châtiment de l'auteur mettrait l'imprimeur à l'abri, lorsqu'il s'agirait de chansons et de gravures (1).

Je le déclare : les ministres sont des libéraux, quand on les compare aux ministériels.

Et qu'on ne pense pas que cette disposition n'ait lieu que relativement à la liberté de la presse, qui est en possession d'effrayer les esprits dominés par l'habitude de l'obéissance et les traditions du pouvoir absolu. Prenons une question plus vaste et qui semble plus affranchie de l'empire des circonstances, je veux dire l'institution du jury. Le gouvernement et le ministère professent pour cette institution une vénération qu'il est bien doux de croire sincère. Les citoyens la considèrent comme la meilleure garantie de la sûreté de l'innocence et de l'impartialité des jugemens. Écoutons les

____

(1) Moniteur du 22.

ministériels sur le jury. « Cette institution »
dit l'un d'entr'eux, « n'est pas assez natio-
» nalisée en France. Nous n'avons pas
» l'éducation politique des Anglais » (1).
« Je préfère, » dit un autre, « la logique
» des tribunaux à la conscience du jury.
» Ses partisans ne connaissent que sa
» beauté théorique. Qu'ils viennent dans
» les tribunaux gémir avec nous des er-
» reurs volontaires que les jurés com-
» mettent. Cette brillante conception a
» quelque chose de bien défectueux, et
» pour un scandale judiciaire, on en ci-
» terait mille reprochables à des ju-
» rés (2) ».

Ainsi donc les ministériels sont toujours en avant du ministère, pour le des-
potisme, en arrière de lui, (et c'est beaucoup dire) pour la liberté ; c'est leur nature. Pourquoi les en blâmer ? Ils sont
parfaitement satisfaits, non seulement
de la Charte, nous le sommes tous, mais

---

(1) Moniteur du 15.
(2) Moniteur du 15.

de la manière dont elle est ou dont elle n'est pas observée. Ils ne sont inquiets que du trop de liberté dont nous jouissons. « Nous en avons obtenu » disent-ils « plus peut-être que nous n'en pouvons supporter (1) ». Il faut se réjouir avec eux de cette conviction satisfaisante : mais si nous croyons encore quelques améliorations nécessaires, il ne faut pas choisir pour les opérer, ceux qui s'écrient toujours que tout est au mieux, et quelquefois que tout est trop bien.

Je conclus donc, cette année, comme l'année dernière, qu'il faut élire des hommes d'une satisfaction moins complète, et ces hommes, je les nommerai indifféremment constitutionnels ou indépendans.

L'expérience a prouvé que le choix de ces hommes était salutaire. Nous devons aux efforts des indépendans tout ce qui a été fait de bien. Nous devrons à leurs échecs même le bien qui sera fait :

----

(1) Moniteur du 15.

car en étant repoussés, ils ont pourtant ouvert la route, et la vérité a besoin pour triompher d'être plusieurs fois reproduite. Nous leur devons l'absence du mal qui n'a pas eu lieu. Deux lois d'exception ont été abrogées. Mais qui nous garantit que la résignation ministérielle n'a pas été la suite de l'opposition prévue? Peu d'hommes s'abstiennent de demander le pouvoir, quand ils ne craignent pas qu'on le leur refuse.

C'est un indépendant, qui a reclamé pour la liberté de la presse et le droit de pétition (1).

C'est un indépendant, qui a enseigné aux ministres à ne plus paralyser l'assemblée, en introduisant dans les débats un nom trop auguste pour être mêlé à ses discussions (2).

C'est un indépendant, qui même après la session a éveillé l'opinion publique

----

(1) M. Dupont de l'Eure.
(2) M. Chauvelin.

sur un emprunt bizarre, et sauvé peut-
être vingt millions à la France (1).

C'est un indépendant, qui a élevé à
la tribune une voix courageuse en faveur
de l'exil et du malheur (2).

C'est un indépendant qui, en quittant
cette même tribune vers laquelle le rame-
nera, il faut l'espérer, le suffrage de-ses
commettans, a légué à ses collègues une
discussion approfondie sur le concordat
qui alarme la liberté religieuse (3).

Oublierons-nous enfin que c'est un indépendant qui, en 1815, osa seul, au
milieu des clameurs et des murmures,
invoquer la protection des lois pour les
protestans assassinés (4)?

Je pourrais donc me borner à répéter
mes conseils. Je pourrais dire, comme il
y a un an : « Si vous voulez que les ci-
» toyens soient entourés de garanties

____

(1) M. Casimir Perrier.
(2) M. Bignon.
(3) M. Martin de Gray.
(4) M. d'Argenson.

» protectrices, que la presse soit libre,
» et les écrivains légalement respon-
» sables, que les journaux racontent
» les faits tels qu'ils sont, et que la France
» ne soit plus une île, où l'on ignore ce
» qui se passe en Europe, et Paris une
» aufre île, où l'on ignore ce qui a lieu
» dans les provinces, si vous voulez que
» les formes de la justice soient inviola-
» blement et uniquement observées,
» cherchez, pour exprimer ce désir,
» de fidèles interprètes, nommez des
» hommes indépendans ».

A ce que j'écrivais alors, j'ajoute aujourd'hui cette question dont je sollicite
ardemment la réponse. Qu'ont fait, durant toute la session, les indépendans de
contraire à la Charte? Ces indépendans,
qu'on accusait d'en méditer le renverse-
ment ou l'altération, se sont montrés
seuls attachés à ses principes et pénétrés
de son esprit. Ils désirent des améliorations ou plutôt des applications plus
exactes et plus scrupuleuses dans la
pratique. Ils ne veulent pas de révolu-

tion. Ils savent que les révolutions sont destructives de la liberté même qu'ils réclament, du repos dont la nation a besoin, de l'industrie qui fait sa force et sa prospérité. Ils sont convaincus que la Charte peut être observée, qu'elle contient en elle des germes de conservation et de durée, et sous ce rapport, certes, ils sont préférables à ceux qui pensent que pour qu'elle subsiste, il faut toujours la suspendre, et qu'elle renferme des parties malades, qu'il est nécessaire d'amputer.

Mais je le remarque avec plaisir, la nation est disposée au genre de choix que ses intérêts les plus chers lui commandent. Elle ne s'en remettra pas de ces intérêts à des hommes chargés par le gouvernement de faire prévaloir des intérêts différens : car un gouvernement, quelque bien intentionné qu'il soit, veut toujours avoir le plus de pouvoir et d'argent qu'il lui est possible. Ses agens profitent de son pouvoir, puisque c'est à eux qu'il le délègue. Ils profitent de son argent, puisque c'est avec cet argent qu'il les paye. Ils ne sauraient donc plaider la cause du peuple, puisqu'il leur est avantageux que cette cause ne soit pas gagnée. Ces agens perdent à ce que les ministres soient circonscrits sévèrement dans les limites de leurs attributions légales : car les ministres leur transmettent alors moins d'influence et d'autorité. Ces agens perdent à ce que le trésor qui est à la disposition des ministres soit réduit au strict nécessaire : car leurs salaires sont réduits en proportion (1). Les électeurs, je le pense donc, ne nommeront guères de fonctionnaires salariés (2). Mais cette précaution est-elle suffisante ?

---

(1) Dans un article sur les élections, inséré dans le journal des débats du 13 septembre 1817, et l'on sait assez d'où partaient ces articles, je lis cette phrase : *Pour choisir un député, j'examine si ses devoirs seront d'accord avec ses intérêts ; car, en cas d'opposition entre les uns et les autres, je tremble pour les devoirs.* Je lis cette phrase, dis-je, et je me demande quelle distraction avait saisi l'écrivain ministériel.

(2) Une feuille qui est accoutumée à citer et à défi-

On a fait à ceux qui veulent exclure
des chambres les dépendans du gouver-

___

gurer mes opinions, et qui s'en acquitte avec autant
de hardiesse que de gaucherie, prétend que j'ai
toujours soutenu que les ministres doivent être
membres de la chambre, et, qu'en conséquence,
je me contredirais si j'exhortais aujourd'hui les électeurs à ne pas nommer députés des fonctionnaires
publics. Il y a des hommes avec lesquels la discussion
n'est guères permise, cependant un fait est une chose
indépendante de toute considération pour celui qui
l'énonce. L'écrivain le moins estimable peut par fois
dire la vérité sur un fait, et cela rend nécessaire de
répondre, sur les faits, à l'écrivain le moins estimable.
Cette feuille affirme donc que j'ai toujours soutenu
que les ministres devaient être députés, et con-
clut delà à la convenance de nommer aussi députés
d'autres fonctionnaires. Or voici comment je me suis
exprimé à cet égard. Après avoir dit en thèse géné-
rale, et dans l'hypothèse d'une représentation nationale très-forte et très-nombreuse, que la présence
des ministres dans les assemblées avait des avantages,
j'ai ajouté ces propres paroles : « L'état actuel de la
» représentation en France rend une précautiou in-
» dispensable. C'est que le nombre des ministres sié-
» geant dans ces chambres ne soit jamais au-delà
» d'un membre sur cent. Si, aujourd'hui que la repré-
» sentation nationale est d'environ deux-cent-cin-

ment une objection fondée. Seulement elle prouve le contraire de ce qu'on la destine à prouver.

Ceux qui veulent des places, a-t-on observé, sont aussi dépendans que ceux qui en possèdent. Rien n'est plus vrai. Mais il en résulte, non qu'il faille élire des gens qui ont des places, mais qu'il faut s'assurer que ceux qu'on élit et qui n'en ont pas ne se vendront pas pour en avoir.

Ne nous bornons donc point à choisir des hommes qui ne soient point salariés par la puissance. Choisissons en, qui ayent donné par leurs actions publiques,

---

» quante personnes, tous les ministres et plusieurs » fonctionnaires d'un ordre inférieur étaient députés, » la chambre ne serait plus la représentation d'un » peuple, mais le conseil d'un roi. » Cours de politique, tome 1, part. 1, p. 93-94. Si l'on veut convenir qu'il n'y aura, dans la chambre des députés, qu'un fonctionnaire public sur cent membres, c'est à dire deux et demi sur deux cent cinquante, je suis prêt à adopter la proposition. Que penser d'une réunion d'écrivains qui, régulièrement, deux ou trois fois par mois, falsifient ce qu'ils citent, et mettent leur nom en toutes lettres à ces falsifications?

par leurs engagemens positifs et réitérés, la garantie qu'ils n'abandonneront pas leurs principes pour obtenir les faveurs et les préférences de l'autorité. Nul doute que si les électeurs négligeaient cette précaution, s'ils se contentaient de déclarations vagues, d'appels à quelque circonstance antérieure, s'ils n'exigeaient pas une activité suivie, un courage soutenu, une ardeur patriotique à profiter de toutes les occasions d'énoncer la vérité, de rappeler les doctrines constitutionnelles, de défendre le faible, de sauver l'innocent, de combattre l'arbitraire, ils courraient grand risque de voir leurs espérances déçues, et l'indépendant qu'ils auraient élu devenir, avec plus ou moins de mesure ou d'élégance, un ministériel d'abord pudique, mais qui profiterait du mécontentement même qui lui serait témoigné pour crier à l'injustice et passer franchement à des opinions plus profitables.

Je ne voudrais donc point que l'absence de places fût l'unique pierre de touche des candidats qui pourront se présenter. Je voudrais que ces candidats eussent lié leur considération, leurs droits à l'estime, leur existence politique en un mot au maintien de la Charte, dans toute son étendue. C'est leur vie entière qui doit répondre d'eux. Une action isolée ne prouve rien. Les hommes peuvent être entraînés au courage par une conjoncture imprévue ; mais l'approbation qu'on leur accorde leur impose de nouveaux devoirs : s'ils ne les remplissent pas, ils renoncent implicitement à leurs anciens titres.

Au reste, il y a peut-être un moyen plus efficace encore que ces garanties conjecturales. L'exemple de l'Angleterre peut ici nous servir utilement. Nous avons vu, aux élections dernières, l'un des hommes les plus respectables de cette île si longtems célèbre par ses institutions politiques, le chevalier Romilly, déclarer à ses concitoyens quel serait son

vote sur les questions les plus impor-
tantes. Que nos candidats agissent de
même ; les objets sur lesquels nos députés seront appelés à délibérer sont assez
connus. Que l'on sache quels seront les
hommes qui seront toujours prêts à re-
pousser toute tentative contre la liberté
de la presse, contre la liberté individuelle, contre l'égalité religieuse, contre
une formation illusoire du jury, contre
les tribunaux extraordinaires ; quels seront ceux qui reclameront constamment
l'organisation de la responsabilité des
ministres, la révision du code pénal,
l'établissement d'un système libéral d'instruction publique, l'abolition du secret,
et de toutes les tortures qu'une longue
habitude a presque rendues légales contre les accusés non encore convaincus.

Sans doute je ne veux pas ressusciter
le mode des mandats impératifs. Mais
assurément, des commettans ont droit
de demander à leur mandataire, avant
de lui donner leur confiance, comment
il a intention de se conduire, et quand

ils le chargent de défendre leurs libertés
ils peuvent exiger de lui une déclaration
de ses sentimens sur ce qu'il se regardera
comme engagé à défendre.

Sans doute encore, un député pourra
violer les promesses qu'il aura consen-
ties comme candidat; mais il y a pourtant des paroles qui lient les hommes,
et du moins il sera constaté que tel député aura violé les siennes.

Parmi les engagemens que je voudrais
voir imposés à nos députés, il en est un
que l'Angleterre, dont certaines gens
voudraient doucereusement nous donner
la corruption pour modèle, a trouvé
toutefois d'une telle importance que sa
constitution en fait une loi, et puisque
la charte l'a oublié, c'est au sens droit et
ferme des électeurs à remplir cette la-
cune.

En Angleterre, tout membre du par-
lement qui accepte une place, donne
par cela seul sa démission de fait, et
pour rentrer dans la chambre des communes il a besoin d'une élection nou-

velle. Cette disposition est d'une raison et d'une nécessité évidente. Un député qui accepte une place postérieurement à sa nomination change de position personnelle; il n'est plus l'homme que le peuple avait élu. Il est juste que ce peuple dise s'il a confiance dans l'homme nouveau. Puisque l'Angleterre, avec ses onze millions d'habitans, représentés par une chambre des communes d'environ sept cents membres, a trouvé dangereux de laisser cette chambre se peupler de fonctionnaires à la nomination du gouvernement, certes, la France, avec vingt-cinq millions d'ames, et deux cent cinquante députés, doit être triplement en garde contre ce danger. Une assemblée si peu nombreuse, si elle était composée, ne fut-ce qu'en partie, de salariés du gouvernement, ne serait point un corps représentatif, ce serait un conseil d'État, avec cet inconvénient de plus, que ses décisions, dictées par le pouvoir, auraient l'air d'être l'expression de la volonté ou du consentement populaire.

J'ai exposé dans ce peu de pages mes idées avec franchise. L'opinion publique, comme je l'ai dit, a fait des progrès immenses. Mais qu'elle ne se repose pas sur l'influence de ces progrès. Ce qui nous arrive, relativement à la liberté de la presse, nous démontre assez que l'opinion peut être fort décidée, et la pratique persévérer dans un sens diamétralement opposé à l'opinion. Je me souviens de ce que j'écrivais à une époque très-différente. « Les hommes s'accou-
» tument à se persiffler eux-mêmes, à
» agir d'une manière et à parler de l'autre.
» Chacun pense reconquérir par la rail-
» lerie l'honneur de l'indépendance, et
» content d'avoir désavoué ses actions
» par ses paroles, se trouve à l'aise pour
» démentir ses paroles par ses actions. »
Craignons de voir nos députés prendre cette habitude, faire le mal en le désapprouvant, voter le matin tout ce qu'on leur demandera, et croire se justifier en se moquant le soir de leur vote du matin.

Nommons donc de bons et courageux

mandataires. Ils ne sauraient être pris ni parmi ceux qui sont soupçonnés de vouloir renverser la charte, ni parmi ceux qui sont convaincus de la faire toujours plier devant les fantaisies de l'autorité. Essayons une fois d'hommes qui veulent maintenir cette charte en lui restant fidèles.

Si nous ne jouissons pas de la liberté, la faute en sera bien plus aux députés qu'aux ministres : car les ministres ne font le mal, que lorsque les députés leur permettent de le faire. Nous tombons sans cesse dans une erreur qui nous rend injustes et ridicules. Lorsque le ministère nous blesse, ce sont toujours les ministres que nous accusons. Mais les ministres sont bien moins blâmables que les députés qui leur donnent les moyens de nous blesser.

L'on ne me soupçonnera pas de vouloir faire ici l'apologie des ministres ; mais il est de fait que leur tort est bien plus d'abuser des lois existantes que d'agir ouvertement en opposition avec les lois.

Depuis que la loi du 29 octobre est abrogée , ils ne font arrêter personne en vertu de la loi du 29 octobre. Depuis que la censure se trouve abolie pour les ouvrages de moins de vingt feuilles , ils n'essayent plus de soumettre à la censure les ouvrages de moins de vingt feuilles.

J'en conclus que , s'il y avait sur d'autres objets , comme sur ceux-là, absence de lois vexatoires , les ministres ne vexeraient pas. Donc la faute en est à ceux qui votent ces lois vexatoires, bien plus qu'à ceux qui s'en autorisent, quand une fois elles sont votées.

. La tendance de tout ministère est d'empiéter. Le devoir de tout député est de s'opposer aux empiétemens du ministère. Quand le ministère empiète , il ne fait que suivre sa tendance naturelle : quand un député favorise les empiétemens du ministère , il agit contre sa mission. Ce n'est donc pas contre le ministére qu'il faut, déclamateurs enfans que nous sommes , nous déchaîner quand nos libertés sont mal garanties. Ce sont nos députés qu'il faut accuser, ou plutôt nous mêmes, car nos députés sont notre ouvrage. Si nous voulons le but, prenons les moyens. Il y a de la puérilité à ne savoir jamais que passer de la duperie au repentir.

La loi des élections a mis notre destinée entre nos mains. La loi des élections aura fait de nous, si nous la secondons, une nation nouvelle. Avec cette loi, aucun privilège, aucun monopole de pouvoir, aucune olygarchie, pas plus celle des richesses que celle de la naissance, ne peuvent s'introduire. Avec cette loi, plus sage et plus profonde que le ministère ne l'a soupçonné, la puissance nationale est là où elle doit être.

Ouvrez la liste des électeurs, vous y verrez que les droits politiques ne sont plus confiés, comme autrefois, à une classe en particulier, investie d'immenses propriétés, immobiliaires ou mobiliaires et constituée par-là en corporation aristocratique de fait, lors même qu'elle ne jouit en théorie d'aucun privilège. Les droits politiques, c'est-à-dire la faculté d'influer par ses choix sur l'administration des affaires publiques, sont remis à ceux qui forment la richesse de l'Etat.

Dans notre siècle, cette richesse a changé de nature. Ce ne sont plus uniquement les propriétés foncières, ce ne sont plus uniquement les grands capitaux qui la constituent. Sa source est l'industrie.

En appelant la classe industrieuse à la jouissance des droits politiques, la loi des élections a placé la puissance dans la classe qui est le centre des lumiéres pratiques, parce qu'elle tient également aux classes riches et aux classes pauvres. Elle est plus impartiale que les premières, qui, placées à la sommité de l'état social, ne connaissent de ses intérêts que ceux qui les touchent immédiatement. Elle est plus éclairée que les secondes, que le travail mécanique absorbe.

Dans la classe industrieuse, réside l'indépendance parce que tout le monde a besoin d'elle, et qu'elle n'a besoin de personne.

Dans cette classe, réside l'esprit d'égalité, parce qu'elle est trop nombreuse pour gagner, comme les grands propriétaires, à des prérogatives nécessairement restreintes à un petit nombre.

Dans cette classe, réside le patriotisme, parce que ses intérêts ne peuvent pas, comme ceux des purs capitalistes, s'isoler des intérêts nationaux.

Qu'elle sache donc faire usage de ses droits, qu'elle sente son importance. A elle appartient d'affermir par ses choix la liberté constitutionnelle seul élément nécessaire à sa prospérité et, chose admirable ! en soignant ses intérêts propres, elle fera le bien de tous.

DE L'IMPRIMERIE DE J.-L. CHANSON
RUE DES GRANDS-AUGUSTINS, N° 10.

www.ingramcontent.com/pod-product-compliance
Lightning Source LLC
Chambersburg PA
CBHW051233030726
47595CB00003B/877